El nuevo juguete

por Amy Hutchings

fotografías de
Richard Hutchings

Scott Foresman

Oficina editoriales: Glenview, Illinois • New York, New York
Ventas: Reading, Massachusetts • Duluth, Georgia
Glenview, Illinois • Carrollton, Texas • Menlo Park, California

Les presento a Bill.
Bill hace juguetes.
Su trabajo es divertido.

Bill quiere hacer algo nuevo.
¿Qué podría hacer?

Bill hace un dibujo.
¡Va a hacer un avioncito!
Le gustan mucho los aviones.

Va a usar esos botones.
Va a usar esas reglas.
¿Qué va a hacer con todo eso?

Pronto lo vamos a saber.

Primero corta las partes.
Hay muchas piezas de madera.
Bill usa una sierra.

7

Bill lija la madera.
Usa papel de lija.

Bill usa pegamento.
Le pega las alas al avión.

Después pinta el avión.
Las alas serán rojas.
El abrigo del hombre será azul.
El perro será amarillo.

Bill limpia su taller.
Espera que se seque la pintura.
Debe esperar un rato largo.

El nuevo juguete es divertido.
Los botones pueden ser ruedas.
Bill se las pone al avión.
Pueden girar.

Esta parte también gira.
Pero de veras no puede volar.

Fue un trabajo largo.
Pero valió la pena.
A Bill le gusta su juguete.

Hacer juguetes es divertido.
A Bill le gusta su trabajo.